LOI DU 10 AOUT 1871

RELATIVE AUX

CONSEILS GÉNÉRAUX

MODIFIÉE PAR

LE DÉCRET DU 7 NOVEMBRE 1926

TOULOUSE
IMPRIMERIE DOULADOURE
39, RUE SAINT-ROME, 39

1927

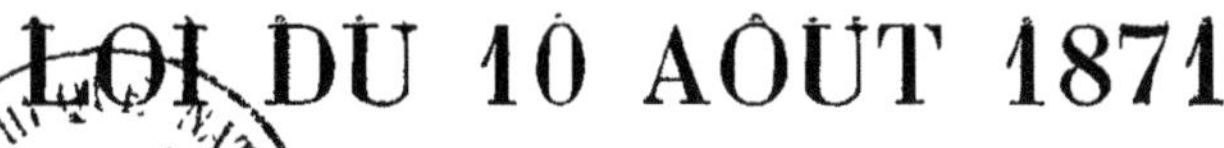

LOI DU 10 AOUT 1871

RELATIVE AUX

CONSEILS GÉNÉRAUX

MODIFIÉE PAR

LE DÉCRET DU 7 NOVEMBRE 1926

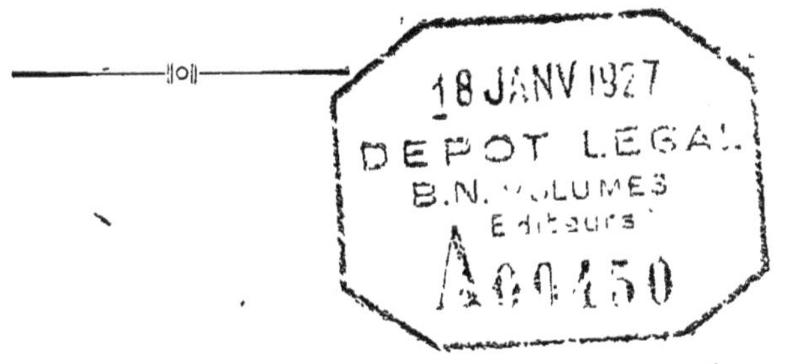

TOULOUSE
IMPRIMERIE DOULADOURE
39, RUE SAINT-ROME, 39
1927

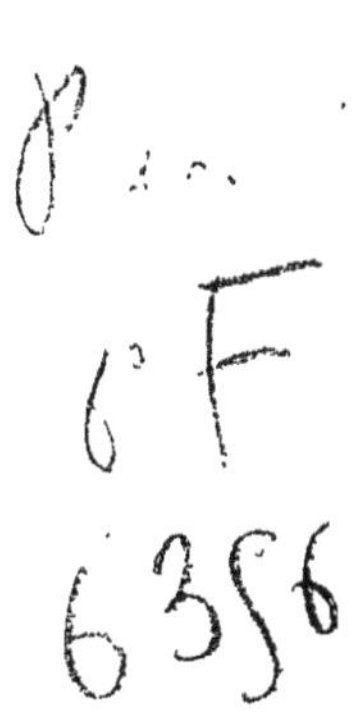

LOI DU 10 AOUT 1871

RELATIVE

AUX CONSEILS GÉNÉRAUX

MODIFIÉE PAR

Le Décret du 7 novembre 1926.

TITRE PREMIER

Dispositions générales.

ARTICLE PREMIER. — Il y a dans chaque département un Conseil général.

ART. 2. — Le Conseil général élit, dans son sein, une Commission départementale.

ART. 3. — Le Préfet est le représentant du pouvoir exécutif dans le département. Il y surveille l'exécution des lois et des décisions du Gouvernement. Les chefs des services régionaux et départementaux sont tenus de lui fournir tous renseignements utiles à l'accomplissement de sa mission.

Il est, en outre, chargé de l'instruction préalable des affaires qui intéressent le département, ainsi que de l'exécution des décisions du Conseil général et de la Commission départementale, conformément aux dispositions de la présente loi.

TITRE II

De la formation des Conseils généraux.

Art. 4. — Chaque canton du département élit un membre du Conseil général.

Art. 5. — L'élection se fait au suffrage universel, dans chaque commune, sur les listes dressées pour les élections municipales.

Art. 6. — Sont éligibles au Conseil général tous les citoyens inscrits sur une liste d'électeurs ou justifiant qu'ils devaient y être inscrits avant le jour de l'élection, âgés de vingt-cinq ans accomplis, qui sont domiciliés dans le département, et ceux qui, sans y être domiciliés, y sont inscrits au rôle d'une des contributions directes au 1er janvier de l'année dans laquelle se fait l'élection, ou justifient qu'ils devaient y être inscrits à ce jour, ou ont hérité depuis la même époque d'une propriété foncière dans le département. Toutefois, le nombre des conseillers généraux, non domiciliés, ne pourra dépasser le quart du nombre total dont le Conseil doit être composé.

Art. 7. — Ne peuvent être élus au Conseil général les citoyens qui sont pourvus d'un conseil judiciaire.

Art. 8 (L. 23 juillet 1892). — « Ne peuvent être élus membres du Conseil général ou du Conseil d'arrondissement » : 1° les Préfets, Sous-Préfets, Secrétaires généraux et Conseillers de préfecture dans le département où ils exercent leurs fonctions; 2° (L. 23 juillet 1891) les Premiers Présidents, Présidents de chambre, Conseillers à la Cour d'appel, Procureurs généraux, Avocats généraux et Substituts du procureur général dans l'étendue du ressort de la Cour; — 3° les Présidents, Vice-Présidents, Juges titulaires, Juges d'instruction et membres du Parquet des tribunaux de Ire instance, dans l'arrondissement du tribunal; — 4° les Juges de paix dans leurs cantons; — 5° et 6° (Loi 23 juillet 1891) les militaires des armées de terre et de mer en activité de service. « Cette disposition n'est applicable ni à la réserve de l'armée active, ni à l'armée territoriale, ni aux officiers maintenus dans la première section du cadre de l'état-major général comme ayant commandé en chef devant l'ennemi »; — 7° les Commissaires et agents de police, dans les cantons de leur ressort; — 8° les Ingénieurs en chef de département et les Ingénieurs ordinaires d'arrondissement, dans le département où ils exercent leurs fonctions; — 9° les Ingénieurs du service ordinaire des mines, dans les cantons de leur ressort; — 10° les Recteurs d'Académie, dans le ressort de l'Académie; — 11° les Inspecteurs d'Académie et les Inspecteurs des écoles primaires dans le département où ils exercent leurs fonctions; — 12° les Ministres des différents cultes, dans les cantons de leur ressort (V. *infra*, L. 9 déc. 1905); — 13° les agents et comptables de tout ordre, employés à l'assiette, à la perception et au recouvrement des contributions directes ou indirectes, et au payement des dépenses publiques de toute nature, dans le département où ils exercent leurs fonctions; — 14° les Directeurs et Inspecteurs des postes, des télégraphes et des manufactures de tabac, dans le département où ils exercent leurs fonctions; — 15° les Conservateurs, Inspecteurs et autres agents des eaux et forêts, dans les cantons de leur ressort; — 16° les Vérificateurs des poids et mesures dans les cantons de leur ressort.

Art. 9. — Le mandat de Conseiller général est incompatible, dans toute la France, avec les fonctions énumérées aux numéros 1 et 7 de l'article 8.

Art. 10. — Le mandat de Conseiller général est incompatible, dans le département, avec les fonctions d'architecte départemental, d'agent voyer, d'employé des bureaux de la préfecture ou d'une sous-préfecture, et généralement de tous les agents salariés ou subventionnés sur les fonds départementaux. La même incompatibilité existe à l'égard des entrepreneurs des services départementaux (L. 8 juillet 1901). « Ne sont pas considérés comme salariés, et compris dans les cas spécifiés au paragraphe précédent, les médecins chargés, dans leur canton ou les cantons voisins, des services de la protection de l'enfance et des enfants assistés, non plus que des services des enfants assistés et des épidémies, de la vaccination ou de tout autre service analogue ayant un caractère de philanthropie. La même exception s'applique aux vétérinaires chargés, dans les mêmes conditions, du service des épizooties. »

Art. 11. — Nul ne peut être membre de plusieurs Conseils généraux.

Art. 12. — Les collèges électoraux sont convoqués par le pouvoir exécutif. Il doit y avoir un intervalle de quinze jours francs, au moins, entre la date du décret de convocation et le jour de l'élection, qui sera toujours un dimanche. Le scrutin est ouvert à sept heures du matin et clos, le même jour, à six heures. Le dépouillement a lieu immédiatement. Lorsqu'un second tour de scrutin est nécessaire, il y est procédé le dimanche suivant (L. 4 février 1909). Les dispositions de l'article 1er du décret du 1er mai 1869, relatif à l'élection des Députés, sont applicables à l'élection des Conseillers généraux et d'arrondissement.

Art. 13. — Immédiatement après le dépouillement du scrutin, les procès-verbaux de chaque commune, arrêtés et signés, sont portés au chef-lieu du canton par les deux membres du bureau. Le recensement général des votes est fait par le bureau du chef-lieu, et le résultat est proclamé par son président, qui adresse tous les procès-verbaux et les pièces au Préfet.

Art. 14. — Nul n'est élu membre du Conseil général au premier tour de scrutin, s'il n'a réuni : 1° la majorité absolue des suffrages exprimés; 2° un nombre de suffrages égal au quart de celui des électeurs inscrits. Au second tour de scrutin l'élection a lieu à la majorité relative, quel que soit le nombre des votants. Si plusieurs candidats obtiennent le même nombre de suffrages, l'élection est acquise au plus âgé.

Art. 15 (L. 31 juillet 1875). — Les élections pourront être arguées de nullité par tout électeur du canton, par les candidats et par les membres du Conseil général. Si la réclamation n'a pas été consignée dans le procès-verbal, elle doit être déposée, dans les dix jours qui suivent l'élection, soit au secrétariat général de la préfecture du département où l'élection a eu lieu, soit au secrétariat de la section du contentieux du Conseil d'État. Il en sera donné récépissé. La réclamation sera, dans tous les cas, notifiée à la partie intéressée dans le délai d'un mois, à compter du jour de l'élection. Le Préfet transmettra au Conseil d'État, dans les dix jours qui suivront leur réception, les réclamations consignées au procès-verbal ou déposées au secrétariat général de la préfecture. Le Préfet aura, pour réclamer contre les élections, un délai de vingt jours, à partir du jour où il aura reçu les procès-verbaux des opérations électorales. Il enverra sa réclamation au Conseil d'État; elle ne pourra être fondée que sur l'inobservation des conditions et formalités prescrites par les lois.

Art. 16 (L. 31 juillet 1875). — Les réclamations seront examinées au Conseil d'État, suivant les formes adoptées pour le jugement des affaires contentieuses. Elles seront jugées sans frais, dispensées du timbre et du ministère des avocats au Conseil d'État; elles seront jugées dans le délai de trois mois, à partir de l'arrivée des pièces au Secrétariat du Conseil d'État. Lorsqu'il y aura lieu à renvoi devant les tribunaux, le délai de trois mois ne courra que du jour où la décision judiciaire sera devenue définitive. Le débat ne pourra porter que sur les griefs relevés dans les réclamations, à l'exception des moyens d'ordre public qui pourront être produits en tout état de cause. Lorsque la réclamation est fondée sur l'incapacité légale de l'élu, le Conseil d'État surseoit à statuer jusqu'à ce que la question préjudicielle ait été jugée par les tribunaux compétents, et fixe un bref délai dans lequel la partie qui aura élevé la question préjudicielle doit justifier de ses diligences. S'il y a appel, l'acte d'appel doit, sous peine de nullité, être notifié à la partie dans les dix jours du jugement, quelle que soit la distance des lieux. Les questions préjudicielles seront jugées sommairement par les tribunaux et conformément au paragraphe 4 de l'article 33 de la loi du 19 avril 1831.

Art. 17 (L. 31 juillet 1875). — Le Conseiller général élu dans plusieurs cantons est tenu de déclarer son option au président du Conseil général dans les trois jours qui suivront l'ouverture de la session, et, en cas de contestation, à partir de la notification de la décision du Conseil d'État. A défaut d'option dans ce délai, le Conseil général déterminera, en séance publique, et par la voie du sort, à quel canton le Conseiller appartiendra. Lorsque le nombre des conseillers non domiciliés dans le département dépasse le quart du Conseil, le Conseil général procède de la même façon pour désigner celui ou ceux dont l'élection doit être annulée. Si une question préjudicielle s'élève sur le domicile, le Conseil général surseoit et le tirage au sort est fait par la Commission départementale pendant l'intervalle des sessions

(L. 6 juillet 1905). En cas de division d'un canton en plusieurs circonscriptions électorales, le Conseiller général représentant le canton divisé aura le droit d'opter pour l'une des nouvelles circonscriptions créées à l'intérieur de l'ancien canton, dans les dix jours qui suivront la promulgation de la loi.

Art. 18. — Tout Conseiller général qui, par une cause survenue postérieurement à son élection, se trouve dans un des cas prévus par les articles 7, 8, 9 et 10, ou se trouve frappé de l'une des incapacités qui font perdre la qualité d'électeur, est déclaré démissionnaire par le Conseil général, soit d'office, soit sur les réclamations de tout électeur.

Art. 19. — Lorsqu'un Conseiller général aura manqué à une session ordinaire sans excuse légitime admise par le Conseil, il sera déclaré démissionnaire par le Conseil général, dans la dernière séance de la session.

Art. 20. — Lorsqu'un Conseiller général donne sa démission, il l'adresse au président du Conseil général ou au président de la Commission départementale, qui en donne immédiatement avis au Préfet.

Art. 21. — Les Conseillers généraux sont nommés pour six ans; ils sont renouvelables par moitié tous les trois ans, et indéfiniment rééligibles. En cas de renouvellement intégral à la session qui suit ce renouvellement, le Conseil général divise les cantons du département en deux séries, en répartissant, autant que possible, dans une proportion égale, les cantons de chaque arrondissement dans chacune des séries, et il procède ensuite à un tirage au sort pour régler l'ordre du renouvellement des séries.

Art. 22. — En cas de vacance par décès, option, démission, par une des causes énumérées aux articles 17, 18 et 19, ou par toute autre cause, les électeurs devront être réunis dans un délai de trois mois. Toutefois, si le renouvellement légal de la série à laquelle appartient le siège vacant doit avoir lieu avant la prochaine session ordinaire du Conseil général, l'élection partielle se fera à la même époque. La Commission départementale est chargée de veiller à l'exécution du présent article. Elle adresse ses réquisitions au Préfet et, s'il y a lieu, au Ministre de l'Intérieur.

TITRE III

Des Sessions des Conseils généraux.

ART. 23. — Les Conseils généraux ont, chaque année, deux sessions ordinaires. La session dans laquelle sont délibérés le budget et les comptes commence de plein droit le premier lundi qui suit le 15 août et ne pourra être retardée que par une loi (L. 29 mars 1923). « L'ouverture de la première session annuelle aura lieu l'avant-dernier lundi d'avril. Si cette date est un jour férié, l'ouverture de la session sera reportée de plein droit au lendemain. » La durée de la session d'août ne pourra excéder un mois; celle de l'autre session ordinaire ne pourra excéder quinze jours (V. *infra*, l. 9 juillet 1907).

ART. 24. — Les Conseils généraux peuvent, en outre, être réunis :

1° Par décret; 2° Par le Préfet; 3° Si les deux tiers de ses membres en adressent la demande écrite au président; 4° Sur la demande de la Commission départementale.

Dans ces deux derniers cas, le président du Conseil général ou le président de la Commission départementale en donnent avis immédiatement au Préfet qui devra convoquer d'urgence.

La durée de ces sessions ne pourra excéder quinze jours.

ART. 25. — A l'ouverture de la session d'août, le Conseil général, réuni sous la présidence du doyen d'âge, le plus jeune membre faisant fonctions de secrétaire, nomme, au scrutin secret, à la majorité absolue, son président, un ou plusieurs vice-présidents et ses secrétaires. Leurs fonctions durent jusqu'à la session d'août de l'année suivante.

ART. 26. — Le Conseil général fait son règlement intérieur.

ART. 27. — Le Préfet a entrée au Conseil général; il est entendu quand il le demande et assiste aux délibérations, excepté lorsqu'il s'agit de l'apurement de ses comptes.

Art. 28. — Les séances des Conseils généraux sont publiques. Néanmoins, sur la demande de cinq membres, du Président ou du Préfet, le Conseil général, par assis et levé, sans débats, décide s'il se formera en comité secret.

Art. 29. — Le Président a seul la police de l'assemblée. Il peut faire expulser de l'auditoire ou arrêter tout individu qui trouble l'ordre. En cas de crime ou de délit, il en dresse procès-verbal et le Procureur de la République en est immédiatement saisi.

Art. 30. — Le Conseil général ne peut délibérer si la moitié plus un des membres dont il doit être composé n'est présente. (L. 31 mars 1886.)

Toutefois, si le Conseil général ne se réunit pas au jour fixé par la loi, par le décret de convocation ou la convocation du Préfet, en nombre suffisant pour délibérer, la session sera renvoyée de plein droit au surlendemain; une convocation spéciale sera faite d'urgence par le Préfet. Les délibérations alors seront valables quel que soit le nombre des membres présents. La durée légale de la session courra à partir du jour fixé pour la seconde réunion.

Lorsqu'en cours de session les membres présents ne formeront pas la majorité du Conseil, les délibérations seront renvoyées au lendemain et alors elles seront valables, quel que soit le nombre des votants.

Dans les deux cas, les noms des absents seront inscrits au procès-verbal. Les votes sont recueillis au scrutin public, toutes les fois que le sixième des membres présents le demande. En cas de partage, la voix du Président est prépondérante.

Néanmoins, les votes sur les nominations et sur les validations d'élections contestées ont toujours lieu au scrutin secret.

Le résultat des scrutins publics, énonçant les noms des votants, est reproduit au procès-verbal.

Art. 31. — Les Conseils généraux devront établir jour par jour un compte rendu sommaire et officiel de leurs séances, qui sera tenu à la disposition de tous les journaux du département, dans les 48 heures qui suivront la séance. (Abrogé par L. 29 juillet 1881, art. 68, § 2.)

Les journaux ne pourront apprécier une discussion du Conseil général sans reproduire, en même temps, la portion du compte rendue afférente à cette discussion. Toute contravention à cette disposition sera punie d'une amende de 50 à 500 francs.

Art. 32. — Les procès-verbaux des séances, rédigés par un des secrétaires, sont arrêtés au commencement de chaque séance et signés par le Président et le Secrétaire. Ils contiennent les rapports, les noms des membres qui ont pris part à la discussion et l'analyse de leurs opinions. Tout électeur ou contribuable du département a le droit de demander la communication, sans déplacement, et de prendre copie de toutes les délibérations du Conseil général, ainsi que des procès-verbaux des séances publiques et de les reproduire par la voie de la presse.

Art. 33. — Tout acte et toute délibération d'un Conseil général relatifs à des objets qui ne sont pas légalement compris dans ses attributions sont nuls et de nul effet. La nullité est prononcée par un décret rendu dans la forme des règlements d'administration publique.

Art. 34. — Toute délibération prise hors des réunions du Conseil, prévues ou autorisées par la loi, est nulle et de nul effet. Le Préfet, par un arrêté motivé, déclare la réunion illégale, prononce la nullité des actes, prend toutes les mesures nécessaires pour que l'assemblée se sépare immédiatement et transmet son arrêté au Procureur général du ressort pour l'exécution des lois et l'application, s'il y a lieu, des peines déterminées par l'article 258 du Code pénal. En cas de condamnation, les membres condamnés sont déclarés, par le jugement, exclus du Conseil et inéligibles pendant les trois années qui suivront la condamnation.

Art. 35. — Pendant les sessions de l'Assemblée nationale, la dissolution d'un Conseil général ne peut être prononcée par le chef du pouvoir exécutif, que sous l'obligation expresse d'en rendre compte à l'Assemblée, dans le plus bref délai possible. En ce cas, une loi fixe la date de la nouvelle élection, et décide si la Commission départementale doit conserver son mandat jusqu'à la réunion du nouveau Conseil général; on autorise le pouvoir exécutif à en nommer provisoirement une autre.

Art. 36. — Dans l'intervalle des sessions de l'Assemblée nationale, le chef du pouvoir exécutif peut prononcer la dissolution d'un Conseil général pour les causes spéciales à ce Conseil. Le décret de dissolution doit être motivé. Il ne peut jamais être rendu par voie de mesure générale. Il convoque en même temps tous les électeurs du département pour le quatrième dimanche qui suivra sa date. Le nouveau Conseil général se réunit de plein droit le deuxième lundi après l'élection et nomme sa Commission départementale.

TITRE IV

Des attributions des Conseils généraux.

Art. 37. — Le Conseil général répartit chaque année, à sa session d'août, les contributions directes, conformément aux règles établies par les lois. Avant d'effectuer cette répartition, il statue sur les demandes délibérées par les conseils compétents en réduction de contingent.

Art. 38. — Le Conseil général prononce définitivement sur les demandes en réduction de contingent formées par les communes et préalablement soumises au conseil compétent.

Art. 39. — Si le Conseil général ne se réunissait pas, ou s'il se séparait sans avoir arrêté la répartition des contributions directes, les mandements des contingents seront délivrés par le Préfet, d'après les bases de la répartition précédente, sauf les modifications à porter dans le contingent en exécution des lois.

Art. 40 (L. 30 juin 1907). — Le Conseil général vote les centimes additionnels ordinaires dont la perception est autorisée par les lois. Il peut voter, en outre, des centimes pour insuffisance de revenus ordinaires et des centimes extraordinaires, dans la limite du maximum fixé annuellement par la loi de finances. Il peut voter également les emprunts départementaux remboursables dans un délai qui ne pourra excéder trente années, sur les ressources ordinaires et extraordinaires.

Art. 41 (L. 30 juin 1907). — Dans le cas où le Conseil général voterait, soit une contribution pour insuffisance de revenus ou une contribution extraordinaire, soit un emprunt, au delà des limites déterminées dans l'article précédent, cette contribution ou cet emprunt ne pourrait être autorisé que par un décret rendu en Conseil d'État.

Art. 42. — Le Conseil général arrête, chaque année, à sa session d'août, dans les limites fixées annuellement par la loi de finances, le maximum du nombre des centimes extraordinaires que les Conseils municipaux sont autorisés à voter pour en affecter le produit à des dépenses extraordinaires d'utilité communale. Si le Conseil général se sépare sans l'avoir arrêté, le maximum fixé pour l'année précédente est maintenu jusqu'à la session d'août de l'année suivante.

Art. 43. — Chaque année, dans sa session d'août, le Conseil général, par un travail d'ensemble comprenant toutes les communes du département, procède à la revision des sections électorales et en dresse le tableau.

Art. 44. — Le Conseil général opère la reconnaissance, détermine la largeur et prescrit l'ouverture et le redressement des chemins vicinaux de grande communication et d'intérêt commun. Les délibérations qu'il prend à cet égard produisent les effets spécifiés aux articles 15 et 16 de la loi du 21 mai 1836.

Art. 45. — Le Conseil général, sur l'avis motivé du Directeur et de la Commission de surveillance, pour les Écoles normales; du Proviseur ou du Principal et du bureau d'administration, pour les Lycées ou Collèges; du Chef d'institution, pour les Institutions d'enseignement libre, nomme et révoque les titulaires des bourses entretenues sur les fonds départementaux. L'autorité universitaire ou le chef d'institution libre peut prononcer la révocation dans les cas d'urgence; ils en donnent avis immédiatement au président de la Commission départementale et en font connaître les motifs. Le Conseil général détermine les conditions auxquelles seront tenus de satisfaire les candidats aux fonctions rétribuées exclusivement sur les fonds départementaux et les règles des concours d'après lesquels les nominations devront être faites. Sont maintenus, néanmoins, les droits des archivistes paléographes, tels qu'ils sont réglés par le décret du 4 février 1850.

Art. 46. — Le Conseil général statue définitivement sur les objets ci-après désignés, savoir : 1° Acquisition, aliénation et échange des propriétés départementales, mobilières ou immobilières; 2° Mode de gestion des propriétés départementales; 3° Baux de biens donnés ou pris à ferme ou à loyer, quelle qu'en soit la durée; 4° Changement de destination des propriétés et des édifices départementaux; 5° Acceptation des dons et legs faits au département, sauf si le Conseil général décide de transiger avec les héritiers de l'auteur de la libéralité, et refus de ces libéralités dans tous les cas; 6° Classement et direction des routes départementales; projets, plans et devis des travaux à exécuter pour la construction, la rectification ou l'entretien des dites routes; désignation des services qui seront chargés de leur construction et de leur entretien; 7° Classement et direction des chemins vicinaux, de grande communication et d'intérêt commun; désignation des communes qui doivent concourir à la construction et à l'entretien des dits chemins et fixation du contingent annuel de chaque commune, le tout sur l'avis des conseils compétents. Répartition des subventions accordées sur les fonds de l'État ou du département, aux chemins vicinaux de toute catégorie; désignation des services auxquels sera confiée l'exécution des travaux sur les chemins vicinaux de grande communication et d'intérêt commun et mode d'exécution des travaux à la charge du département; taux de la conversion en argent des journées de prestation; 8° Déclassement des routes départementales, des chemins vicinaux, de grande communication et d'intérêt commun; 9° Projets, plans et devis de tous autres travaux à exécuter sur les fonds départementaux et désignation des services auxquels ces travaux seront confiés; 10° Offres faites par les communes, les associations ou les particuliers pour concourir à des dépenses quelconques d'intérêt départemental; 11° Concessions à des associations, à des compagnies ou à des particuliers de travaux d'intérêt départemental; 12° (modifié par L. 11 juin 1880). Direction des chemins de fer d'intérêt local, mode et conditions de leur construction, traités et dispositions nécessaires pour en assurer l'exploitation; 13° Établissement et entretien des bacs et passages d'eau sur les routes et chemins à la charge du département; fixation des tarifs de péage; 14° Assurances des bâtiments départementaux; 15° Actions à intenter ou à soutenir au nom du département, sauf les cas d'urgence, dans lesquels la Commission départementale pourra statuer; 16° Transactions concernant les droits des départements; 17° Recettes de toute nature et dépenses des établissements d'aliénés appartenant au département; approbation des traités passés avec des établissements privés ou publics pour le traitement des aliénés du département; 18° Service des enfants assistés; 19° Part de la dépense des aliénés et des enfants assistés qui sera mise à la charge des communes, et bases de la répartition à faire entre elles; 20° Créations d'institutions départementales d'assistance publique, et service de l'assistance publique dans les établissements départementaux; 21° Établissement et organisation des caisses de retraite ou tout autre mode de rémunération en faveur des employés des préfectures et des sous-préfectures et des agents salariés sur les fonds départementaux; 22° Part contributive du département aux dépenses des travaux qui intéressent à la fois le département et les communes; 23° Difficultés élevées relativement à la répartition de la dépense des travaux qui intéressent plusieurs communes du département; 24° Délibérations des Conseils municipaux ayant pour but l'établissement, la suppression ou les changements de foires et marchés; 25° (abrogé et remplacé par Loi 5 avril 1884, art. 137 à 139); 26° Changement à la circonscription des communes d'un même canton et à la désignation de leurs chefs-lieux, lorsqu'il y a accord entre les Conseils municipaux (v. *infra*, L. 17 avril 1906, art, 69); 27° Part contributive à imposer au département dans les travaux, exécutés par l'État, qui intéressent le département; 28° Sur tous les autres objets sur lesquels il est appelé à délibérer par les lois et règlements et généralement sur tous les objets d'intérêt départemental dont il est saisi, soit par une proposition du Préfet, soit sur l'initiative d'un de ses membres ou de la Commission départementale.

Art. 47. — Les délibérations par lesquelles les Conseils généraux statuent définitivement sont exécutoires si, dans le délai de dix jours, à dater de la fin de la session, le Préfet n'en a pas demandé l'annulation pour excès de pouvoir ou pour violation d'une disposition de la loi ou d'un règlement d'administration publique. Le recours formé par le Préfet doit être notifié au président du Conseil général et au président de la Commission départementale. Si dans le délai de six semaines, à partir de la notification, l'annulation n'a pas été prononcée, la délibération est exécutoire. Cette annulation ne peut être prononcée que par un décret rendu dans la forme des règlements d'administration publique.

Les articles 48 et 49 de la loi du 10 août 1871 sont et demeurent abrogés.

Art. 50. — Le Conseil général donne son avis : 1° Sur les changements proposés à la circonscription du territoire du département, des arrondissements, des cantons et des communes et la désignation des chefs-lieux, sauf le cas où il statue définitivement conformément à l'article 46 n° 26; 2° Sur l'application des dispositions de l'article 90 du Code forestier, relatives à la soumission au régime forestier des bois, taillis ou futaies appartenant aux communes, et à la conversion en bois de terrains en pâturages; 3° Sur les délibérations des Conseils municipaux relatives à l'aménagement, au mode d'exploitation, à l'aliénation et au défrichement des bois communaux. Et généralement sur tous les objets sur lesquels il est appelé à donner son avis en vertu des lois et règlements, ou sur lesquels il est consulté par les ministres.

Art. 51. — Le Conseil général peut adresser directement au ministre compétent, par l'intermédiaire de son président, les réclamations qu'il aurait à présenter dans l'intérêt spécial du département, ainsi que son opinion sur l'état et les besoins des différents services publics, en ce qui touche le département. Il peut charger un ou plusieurs de ses membres de recueillir, sur les lieux, les renseignements qui lui sont nécessaires pour statuer sur les affaires qui sont placées dans ses attributions. Tous vœux politiques lui sont interdits. Néanmoins, il peut émettre des vœux sur toutes les questions économiques et d'administration générale.

Art. 52. — Les chefs de service des administrations publiques dans le département sont tenus de fournir, verbalement ou par écrit, tous les renseignements qui leur seraient réclamés par le Conseil général sur les questions qui intéressent le département.

Art. 53. — Le Préfet accepte ou refuse les dons et legs faits au département en vertu soit de la délibération du Conseil général, quand celui-ci ne décide pas de transiger avec les héritiers de l'auteur de la libéralité, soit du décret d'autorisation quand il y a transaction.

Le Préfet peut toujours, à titre conservatoire, accepter les dons et legs. La décision du Conseil général ou du Gouvernement, qui intervient ensuite, a effet du jour de cette acceptation.

Art. 54. — Le Préfet intente les actions en vertu de la décision du Conseil général, et il peut, sur l'avis conforme de la Commission départementale, défendre à toute action intentée contre le département. Il fait tous actes conservatoires et interruptifs de déchéance. En cas de litige entre l'État et le Département, l'action est intentée ou soutenue, au nom du département, par un membre de la Commission départementale désigné par elle. Le Préfet, sur l'avis conforme de la Commission départementale, passe les contrats au nom du département.

Art. 55. — Aucune action judiciaire, autre que les actions possessoires, ne peut, à peine de nullité, être intentée contre un département, qu'autant que le demandeur a préalablement adressé au Préfet un mémoire exposant l'objet et les motifs de sa réclamation. Il lui en est donné récépissé. L'action ne peut être portée devant les tribunaux que deux mois après la date du récépissé, sans préjudice des actes conservatoires. La remise du mémoire interrompra la prescription, si elle est suivie d'une demande en justice dans le délai de trois mois.

Art. 56. — A la session d'août, le Préfet rend compte au Conseil général, par un rapport spécial et détaillé, de la situation du département et de l'état des différents services publics. A l'autre session ordinaire, il présente au Conseil général un rapport sur les affaires qui doivent lui être soumises pendant cette session. Ces rapports sont imprimés et distribués à tous les membres du Conseil général huit jours au moins avant l'ouverture de la session.

TITRE V

Du Budget et des Comptes du Département.

Art. 57. — Le projet de budget du département est préparé et présenté par le Préfet, qui est tenu de le communiquer à la Commission départementale, avec les pièces à l'appui, dix jours au moins avant l'ouverture de la session d'août. Le budget est voté par le Conseil général, et sa délibération est exécutoire dans les conditions prévues par l'article 47 de la présente loi. Toutefois, si une des recettes ordinaires ou extraordinaires prévues exige une approbation de l'autorité supérieure, le budget est définitivement réglé par décret. Il se divise en budget ordinaire et budget extraordinaire.

Art. 58 (L. 30 juin 1907). — Les recettes du budget ordinaire se composent : 1° du produit des centimes ordinaires additionnels, sans affectation spéciale, dont le maximum est fixé annuellement par la loi de finances; 2° du produit des centimes pour insuffisance de revenus ordinaires votés annuellement par le Conseil général, dans les limites déterminées par la loi de finances ou autorisées par décret; 3° du produit des centimes spéciaux autorisés par les dépenses des chemins vicinaux,. dont le maximum est fixé annuellement par la loi de finances; 4° du produit des centimes spéciaux affectés à la confection du cadastre par la loi du 2 août 1829; 5° du produit du centime spécial pour le renouvellement, la revision et la conservation du cadastre, prévu par la loi du 17 mars 1898; 6° du revenu et du produit des propriétés départementales; 7° du produit des expéditions d'anciennes pièces ou d'actes de la préfecture déposés aux archives; 8° du produit des droits de péage des bacs et passages d'eau sur les routes et chemins à la charge du département, des autres droits de péage et de tous autres droits concédés au département par des lois; 9° de la part allouée au département sur le fonds inscrit annuellement au budget du Ministère de l'Intérieur et réparti, conformément à un tableau annexé à la loi de finances, entre les départements qui, en raison de leur situation financière, doivent recevoir une allocation sur les fonds de l'État; 10° des contingents de l'État et des communes pour le service des aliénés et des enfants assistés, et des contingents des familles pour l'entretien des aliénés; 11° de la contribution de l'État aux dépenses du Service de la protection des enfants du premier âge; 12° de la contribution de l'État et du contingent des communes aux dépenses des Services de l'assistance médicale gratuite, de la santé publique et de l'assistance aux vieillards, infirmes et incurables privés de ressources; 13° du contingent des communes et autres ressources éventuelles pour les dépenses annuelles du Service vicinal; 14° des ressources éventuelles du Service des chemins de fer d'intérêt local, des tramways départementaux et des voitures automobiles; 15° des subventions de l'État et des contributions des communes et des tiers pour les dépenses annuelles et permanentes d'utilité départementale; 16° des remboursements d'avances effectuées sur les ressources du budget ordinaire.

Art. 59 (L. 30 juin 1907). — Les recettes du budget extraordinaire se composent : 1° du produit des centimes extraordinaires votés annuellement par le Conseil général, dans les limites déterminées par la loi de finances, ou autorisés par décrets spéciaux, en vue de dépenses extraordinaires; 2° du produit des emprunts; 3° des subventions de l'État et des contributions des communes et des tiers aux dépenses extraordinaires; 4° des dons et legs; 5° du produit des biens aliénés; 6° du remboursement des capitaux exigibles et des rentes rachetées; 7° de toutes autres recettes accidentelles. Sont comprises définitivement parmi les propriétés départementales les anciennes routes impériales de 3me classe, dont l'entretien a été mis à la charge des départements par le décret du 16 décembre 1811 ou postérieurement.

Art. 60 (L. 30 juin 1907). — Le budget ordinaire comprend les dépenses annuelles et permanentes d'utilité départementale, obligatoires et facultatives. Le budget extraordinaire comprend les dépenses accidentelles ou temporaires, obligatoires et facultatives.

Art. 61 (L. 30 juin 1907). — Sont obligatoires, pour le département, les dépenses ci-après : 1° le loyer, le mobilier et l'entretien des hôtels de préfecture et sous-préfecture; 2° les dépenses mises à la charge du département par les articles 1 et 2 de la loi du 9 août 1879 sur les écoles normales primaires; 3° les dépenses relatives à l'instruction primaire mises à la charge du département par l'article 3 de la loi du 19 juillet 1889, modifiée par la loi du 25 juillet 1893; 4° la moitié du traitement et des frais de tournée des inspectrices départementales des écoles maternelles, mises à la charge des départements par l'article 25 de la loi du 8 août 1885; 5° le casernement ordinaire des brigades de gendarmerie; 6° les loyers, entretien, mobilier et menues dépenses des Cours d'assises, tribunaux civils et tribunaux de commerce, et menues dépenses de justices de paix; 7° les frais de confection, d'impression et de publication des listes pour les élections consulaires, les frais d'impression des cadres pour la formation des listes électorales et des listes du jury; 8° les charges résultant, pour le département, des articles 1, 3, 4, 6 et 7 de la loi du 4 février 1893, relative à la réforme des prisons pour courtes peines; 9° les frais du Service départemental des épizooties; 10° les dépenses des comités de conciliation et d'arbitrage en cas de différends collectifs entre patrons et ouvriers ou employés; 11° celles des dépenses ordinaires et extraordinaires que déclarent obligatoires, pour le département, les lois des 15 juillet 1893 sur l'assistance médicale gratuite, 15 février 1902 sur la protection de la santé publique, 27 et 28 juin 1904 sur les enfants assistés et 14 juillet 1905 sur l'assistance des vieillards, des infirmes et des incurables privés de ressources; 12° les dettes exigibles.

Art. 62 (L. 30 juin 1907). — Si un Conseil général omet ou refuse d'inscrire au budget un crédit suffisant pour le payement des dépenses obligatoires ordinaires ou extraordinaires ou pour l'acquittement des dettes exigibles, le crédit nécessaire est inscrit d'office au budget soit ordinaire, soit extraordinaire, par un décret rendu dans la forme des règlements d'administration publique et inséré au *Journal officiel* et au *Bulletin des Lois*. Il est pourvu au payement des dépenses inscrites d'office au moyen de prélèvements effectués soit sur les excédents de recette, soit sur le crédit pour dépenses imprévues, et, à défaut, au moyen d'une imposition spéciale portant sur les trois contributions directes et établie par le décret d'inscription d'office.

Aucune autre dépense ne peut être inscrite d'office dans le budget, et les allocations qui y sont portées par le Conseil général ne peuvent être changées ni modifiées par le décret qui règle le budget, sauf le cas prévu au § 2 du présent article.

Art. 63 (L. 29 juin 1899). — Les fonds libres de l'exercice antérieur et de l'exercice courant et provenant d'emprunts, de centimes ordinaires et extraordinaires recouvrés ou à recouvrer dans le courant de l'exercice, ou de toute autre recette, seront cumulés, suivant la nature de leur origine, avec les ressources de l'exercice en cours d'exécution, pour recevoir l'affectation nouvelle qui pourra leur être donnée par le Conseil général dans le budget supplémentaire de l'exercice courant, sous réserve toutefois du maintien des crédits nécessaires à l'acquittement des restes à payer de l'exercice précédent. Le budget supplémentaire est voté par le Conseil général dans sa première session annuelle obligatoire et sa délibération est exécutoire dans les conditions prévues par l'article 47 de la présente loi. Toutefois, si une des recettes ordinaires ou extraordinaires prévues exige une approbation de l'autorité supérieure, le budget supplémentaire est définitivement réglé par décret. Le Conseil général peut porter au budget un crédit pour dépenses imprévues.

Art. 64. — Le comptable chargé du recouvrement des ressources éventuelles est tenu de faire, sous sa responsabilité, toutes les diligences nécessaires pour la rentrée de ces produits. Les rôles et états des produits sont rendus exécutoires par le Préfet, et par lui remis au comptable. Les oppositions, lorsque la matière est de la compétence des tribunaux ordinaires, sont jugées comme affaires sommaires.

Art. 65. — Le comptable chargé du service des dépenses départementales ne peut payer que sur les mandats délivrés par le Préfet, dans la limite des crédits ouverts par les budgets du département.

Art. 66. — Le Conseil général entend et débat les comptes d'administration qui lui sont présentés par le Préfet, concernant les recettes et les dépenses du budget départemental. Les comptes doivent être communiqués à la Commission départementale, avec les pièces à l'appui, dix jours au moins avant l'ouverture de la session d'août. Les observations du Conseil général sur les comptes présentés à son examen sont adressées directement par son président au Ministre de l'Intérieur. Ces comptes sont arrêtés par le Conseil général. Toutefois, ils sont définitivement réglés par décret, si les budgets primitif ou supplémentaire de l'exercice considéré ont été réglés par décret. A la cession d'août le Préfet soumet au Conseil général le compte annuel de l'emploi des ressources municipales affectées aux chemins de grande communication et d'intérêt commun.

Art. 67. — Les budgets et les comptes du département, définitivement réglés, sont rendus publics par la voie de l'impression.

Art. 68. — Les secours pour travaux concernant les églises et presbytères; les secours généraux à des établissements et institutions de bienfaisance; les subventions aux communes pour acquisition, construction et réparation de maisons d'école et de salles d'asile; les subventions aux comices et associations agricoles, ne pourront être allouées par le Ministre compétent que sur la proposition du Conseil général du département. A cet effet, le Conseil général dressera un tableau collectif des propositions en les classant par ordre d'urgence.

TITRE VI

De la Commission départementale.

Art. 69. — La Commission départementale est élue, chaque année, à la fin de la session d'août. Elle se compose de quatre membres au moins et de sept au plus, et elle comprend un membre choisi, autant que possible, parmi les conseillers élus ou domiciliés, dans chaque arrondissement. Les membres de la Commission sont indéfiniment rééligibles.

Art. 70 (L. 19 décembre 1876). — Les fonctions de membre de la Commission départementale sont incompatibles avec celles de maire du chef-lieu du département et avec le mandat de député ou de sénateur,

Art. 71.— (L. 8 juillet 1899). La Commission départementale élit son président et son secrétaire. Elle siège à la préfecture et prend, sous l'approbation du Conseil général et avec le concours du Préfet, toutes les mesures nécessaires pour assurer son service.

Art. 72. — La Commission départementale ne peut délibérer si la majorité de ses membres n'est présente. Les décisions sont prises à la majorité absolue des voix. En cas de partage, la voix du président est prépondérante. Il est tenu procès-verbal des délibérations.

Les procès-verbaux font mention du nom des membres présents.

Art. 73. — La Commission départementale se réunit au moins une fois par mois aux époques et pour le nombre de jours qu'elle détermine elle-même, sans préjudice du droit qui appartient à son Président et au Préfet de la convoquer extraordinairement.

Art. 74. — Tout membre de la Commission départementale qui s'absente des séances pendant deux mois consécutifs, sans excuse légitime admise par la Commission, est réputé démissionnaire. Il est pourvu à son remplacement à la plus prochaine session du Conseil général.

Art. 75. — Les membres de la Commission départementale ne reçoivent pas de traitement.

Art. 76. — Le Préfet ou son représentant assiste aux séances de la Commission; ils sont entendus quand ils le demandent. Les chefs de service des administrations publiques dans le département sont tenus de fournir, verbalement ou par écrit, tous les renseignements qui leur seraient réclamés par la Commission départementale, sur les affaires placées dans ses attributions.

Art. 77. — La Commission départementale règle les affaires qui lui sont renvoyées par le Conseil général, dans les limites de la délégation qui lui est faite. Elle délibère sur toutes les questions qui lui sont déférées par la loi, et elle donne son avis au Préfet sur toutes les questions qu'il lui soumet ou sur lesquelles elle croit devoir appeler son attention dans l'intérêt du département.

Art. 78. — Abrogé par L. 18 juillet 1882, article 21 et décret 12 juillet 1893, article 9.

Le Préfet est tenu d'adresser à la Commission départementale, au commencement de chaque mois, l'état détaillé des ordonnances de délégation qu'il a reçues et des mandats de paiement qu'il a délivrés pendant le mois précédent, concernant le budget départemental.

La même obligation existe pour les Ingénieurs en chef, sous-ordonnateurs délégués.

Toutes les affaires et propositions qui doivent être soumises par le Préfet aux délibérations du Conseil général doivent, exception faite pour les affaires qui devraient être soumises d'urgence à l'Assemblée départementale, être communiquées dix jours au moins avant l'ouverture de la session à la Commission départementale qui, si elle le juge utile, formule son avis et présente son rapport sur chacune d'elles au Conseil général.

Art. 79. — A l'ouverture de chaque session ordinaire du Conseil général, la Commission départementale lui fait un rapport sur l'ensemble de ses travaux et lui soumet toutes les propositions qu'elle croit utiles. A l'ouverture de la session d'août, elle lui présente, dans un rapport sommaire, ses observations sur le budget proposé par le Préfet. Ces rapports sont imprimés et distribués, à moins que la Commission n'en décide autrement.

Art. 80. — Chaque année, à la session d'août, la Commission départementale présente au Conseil général le relevé de tous les emprunts communaux et de toutes les contributions extraordinaires communales qui ont été votées depuis la précédente session d'août, avec indication du chiffre total des centimes extraordinaires et des dettes dont chaque commune est grevée.

Art. 81. — La Commission départementale, après avoir entendu l'avis ou les propositions du Préfet : 1° répartit les subventions diverses proposées au budget départemental et dont le Conseil général ne s'est pas réservé la distribution, les fonds provenant des amendes de police correctionnelle et les fonds provenant du rachat des prestations en nature sur les lignes que ces prestations concernent; 2° détermine l'ordre de priorité des travaux à la charge du département, lorsque cet ordre n'a pas été fixé par le Conseil général; 3° fixe l'époque et le mode d'adjudication ou de réalisation des emprunts départementaux, lorsqu'ils n'ont pas été fixés par le Conseil général; 4° fixe l'époque de l'adjudication des travaux d'utilité départementale.

Art. 82. — La Commission départementale assigne à chaque membre du Conseil général et aux membres des autres Conseils électifs le canton pour lequel ils devront siéger dans le Conseil de revision.

Art. 83. — La Commission départementale vérifie l'état des archives et celui du mobilier appartenant au département.

Art. 84. — La Commission départementale peut charger un ou plusieurs de ses membres d'une mission relative à des objets compris dans ses attributions.

Art. 85. — En cas de désaccord entre la Commission départementale et le Préfet, l'affaire peut être renvoyée à la plus prochaine session du Conseil général qui statuera définitivement. En cas de conflit entre la Commission départementale et le Préfet, comme aussi dans le cas où la Commission aurait outrepassé ses attributions, le Conseil général sera immédiatement convoqué, conformément aux dispositions de l'article 24 de la présente loi et statuera sur les faits qui lui auront été soumis. Le Conseil général pourra, s'il le juge convenable, procéder dès lors à la nomination d'une nouvelle Commission départementale.

Art. 86. — La Commission départementale prononce, sur l'avis des Conseils municipaux, la déclaration de vicinalité, le classement, l'ouverture et le redressement des chemins vicinaux ordinaires, la fixation de la largeur et de la limite des dits chemins. Elle exerce à cet égard les pouvoirs conférés au Préfet par les articles 15 et 16 de la loi du 21 mai 1836. Elle approuve les abonnements relatifs aux subventions spéciales pour la dégradation des chemins vicinaux, conformément au dernier paragraphe de l'article 14 de la même loi.

Art. 87. — La Commission départementale approuve le tarif des évaluations cadastrales, et elle exerce à cet égard les pouvoirs attribués au Préfet, en Conseil de préfecture, par la loi du 15 septembre 1807 et le règlement du 15 mars 1827. Elle nomme les membres des commissions syndicales dans le cas où il s'agit d'entreprises subventionnées par le département, conformément à l'article 23 de la loi du 21 juin 1865.

Art. 88. — Les décisions prises par la Commission départementale, sur les matières énumérées aux articles 86 et 87 de la présente loi, seront communiquées aux préfets en même temps qu'aux Conseils municipaux et aux autres parties intéressées. Elles pourront être frappées d'appel devant le Conseil général, pour cause d'inopportunité ou de fausse appréciation des faits soit par le Préfet, soit par les Conseils municipaux ou par toute autre partie intéressée. L'appel doit être notifié au président de la Commission, dans le délai d'un mois, à partir de la communication de la décision. Le Conseil général statuera définitivement à sa plus prochaine session. Elles pourront aussi être déférées au Conseil d'État, statuant au contentieux, pour cause d'excès de pouvoir ou de violation de la loi ou d'un règlement d'administration publique. Le recours au Conseil d'État doit avoir lieu dans le délai de deux mois, à partir de la communication de la décision attaquée. Il peut être formé sans frais, et il est suspensif dans tous les cas.

TITRE VII

Des Intérêts communs à plusieurs départements.

Art. 89. — Deux ou plusieurs Conseils généraux peuvent provoquer entre eux, par l'entremise de leurs présidents, et après en avoir averti les préfets, une entente sur les objets d'utilité départementale compris dans leurs attributions et qui intéressent à la fois leurs départements respectifs. Ils peuvent faire des conventions à l'effet d'entreprendre ou de conserver, à frais communs, des ouvrages ou des institutions d'utilité commune.

Art. 90. — Les questions d'intérêt commun seront débattues dans des conférences où chaque Conseil général sera représenté, soit par sa Commission départementale, soit par une commission spéciale nommée à cet effet. Les préfets des départements intéressés pourront toujours assister à ces conférences. Les décisions qui y seront prises ne seront exécutoires qu'après avoir été ratifiées par tous les Conseils généraux intéressés, et sous les réserves énoncées aux articles 47 et 49 de la présente loi.

ART. 91. — Si des questions autres que celles que prévoit l'article 89 étaient mises en discussion, le Préfet du département où la conférence a lieu déclarerait la réunion dissoute. Toute délibération prise après cette déclaration donnerait lieu à l'application des dispositions et pénalités énoncées à l'article 34 de la présente loi.

Dispositions spéciales ou transitoires.

ART. 92. — Sont et demeurent abrogés les titres Ier et II de la loi du 22 juin 1833, le titre Ier de la loi du 10 mai 1838, la loi du 18 juillet 1866 et, généralement, toutes les dispositions de lois ou de règlements contraires à la présente loi.

ART. 93. — Les articles 86 et 87 et le deuxième paragraphe de l'article 23 de la présente loi ne seront exécutoires qu'à partir du 1er janvier 1872.

ART. 94. — La présente loi n'est pas applicable au département de la Seine. Il sera statué à son égard par une loi spéciale.

TITRE VIII

Des Syndicats interdépartementaux.

ART. 95.— Les Conseils généraux de deux ou plusieurs départements peuvent, par des délibérations concordantes, décider d'associer les départements qu'ils représentent pour des œuvres d'utilité interdépartementale. Les délibérations, ainsi prises, devront comporter l'engagement par chaque département de consacrer à ces œuvres les ressources nécessaires pour faire face aux dépenses mises à sa charge.

Des départements autres que ceux primitivement associés peuvent être admis, avec l'assentiment de ceux-ci, à faire partie de l'association qui prend le nom de syndicat interdépartemental.

Art. 96. — Les syndicats interdépartementaux sont des établissements publics investis de la personnalité civile.

Les lois et règlements concernant l'administration des départements leur sont applicables.

Art. 97. — Le syndicat interdépartemental est administré par un comité. A moins de dispositions contraires, confirmées dans les délibérations concordantes décidant la création du syndicat, ce comité est constitué d'après les règles suivantes : les membres sont élus par les Conseils généraux des départements intéressés; chaque département est représenté dans le comité par au moins trois délégués. Le choix du Conseil général peut porter sur tout citoyen jouissant de ses droits civils et politiques. Les délégués sont élus au scrutin secret et à la majorité absolue; si, après deux tours de scrutin, aucun candidat n'a obtenu la majorité absolue, il est procédé à un troisième tour et l'élection a lieu à la majorité relative. En cas d'égalité de suffrages, le plus âgé est déclaré élu. La durée du mandat des délégués est de six ans. Les délégués sortants sont rééligibles.

En cas de vacances parmi les délégués, par suite de décès, démission ou toute autre cause et notamment par suite de la non-réélection au Conseil général d'un délégué faisant partie de l'Assemblée départementale, le Conseil général pourvoit au remplacement au cours de sa plus prochaine session ordinaire ou extraordinaire. Il peut donner, en cette matière, délégation à sa Commission départementale.

Art. 98. — Le département siège du syndicat est fixé par les délibérations prises par les Conseils généraux intéressés, en vertu de l'article 95 ci-dessus. Les règles de la comptabilité départementale s'appliquent à la comptabilité des syndicats interdépartementaux. A moins de dispositions contraires dans les délibérations créant le syndicat, les fonctions de receveur du syndicat sont exercées par le trésorier-payeur général du département, siège du syndicat.

Art. 99. — Le comité tient obligatoirement, chaque année, deux sessions un mois avant les sessions ordinaires du Conseil général.

Il peut être convoqué, en outre, par son président, chaque fois que celui-ci le juge utile, ou sur la demande du tiers au moins de ses membres.

Le comité élit annuellement, parmi ses membres, les membres de son bureau.

Il peut renvoyer au bureau le règlement de certaines affaires et lui conférer, à cet effet, une délégation dont il fixe les limites. A l'ouverture de la plus prochaine réunion du comité, le bureau lui rend compte de ses travaux.

Pour l'exécution de ses décisions et pour ester en justice, le comité est représenté par son président. Les préfets ont entrée dans le comité et, le cas échéant, au bureau. Ils sont toujours entendus quand ils le demandent. Ils peuvent se faire représenter par un délégué.

Art. 100. — Les conditions de validité des délibérations du comité et, le cas échéant, du bureau, procédant par délégation du comité, de l'ordre et de la tenue des séances, sauf en ce qui concerne la publicité, les conditions d'annulation de ses délibérations, de nullité de droit et de recours, sont celles que fixe la loi du 10 août 1871 pour les Conseils généraux.

Art. 101. — Les dispositions de l'article 175 de la loi du 5 avril 1884 sont applicables aux syndicats interdépartementaux.

Art. 102. — Le budget du syndicat interdépartemental pourvoit aux dépenses de toute nature des établissements ou services pour lesquels le syndicat est constitué.

Les recettes de ce budget comprennent : 1° la contribution des départements associés. Cette contribution est obligatoire pour les dits départements pendant la durée de l'association et dans la limite des nécessités du service, telle que les délibérations initiales des Conseils généraux l'ont déterminée.

Les départements associés pourront affecter à cette dépense leurs ressources ordinaires et extraordinaires disponibles. Ils sont, en outre, autorisés à voter à cet effet . 1° 5 centimes additionnels spéciaux ; 2° le revenu des biens, meubles ou immeubles de l'association; 3° les sommes qu'elle reçoit des administrations publiques, des associations des particuliers en échange d'un service rendu; 4° les subventions de l'État, des communes et de départements non associés; 5° les produits des dons et legs.

Copie de ce budget et des comptes du syndicat sera adressée, chaque année, aux Conseils généraux des départements syndiqués.

Les Conseils généraux de ces départements pourront prendre communication des procès-verbaux des délibérations du comité et de celles du bureau.

Art. 103. — Le syndicat interdépartemental peut organiser des services interdépartementaux autres que ceux prévus aux délibérations institutives, lorsque les Conseils généraux des départements associés se sont mis d'accord pour ajouter ces services aux objets de l'association primitive.

Art. 104. — Le syndicat interdépartemental est formé, soit à perpétuité, soit pour une durée déterminée par les délibérations institutives. Il est dissout soit de plein droit par l'expiration du temps pour lequel il a été formé ou par la consommation de l'opération qu'il avait pour objet, soit par le consentement de tous les Conseils généraux intéressés. Il peut être dissout soit par décret, sur la demande motivée de la majorité des dits conseils, soit d'office par décret en Conseil d'État. Le décret de dissolution détermine, sous la réserve des droits des tiers, les conditions dans lesquelles s'opère la liquidation du syndicat.

Art. 105. — Les dispositions qui précèdent sont applicables à l'Algérie.

RÈGLEMENT

DU

CONSEIL GÉNÉRAL DE LA HAUTE-GARONNE

RÈGLEMENT

DU

CONSEIL GÉNÉRAL DE LA HAUTE-GARONNE

ADOPTÉ

DANS LES SÉANCES DES 3 ET 4 MAI 1921.

Dans ses séances des 3 et 4 mai 1921, le Conseil général de la Haute-Garonne a arrêté, conformément à l'article 26 de la loi du 10 août 1871, le Règlement intérieur dont la teneur suit, et qui sera mis en vigueur à la session d'août 1921 :

ARTICLE PREMIER. — Le présent Règlement sera précédé du texte de la loi organique du 10 août 1871 revisé et mis à jour et tenant compte des modifications édictées par les lois des 15 février 1872, 7 juin 1873, 31 juillet 1875, 12 août 1876, 19 décembre 1876, 31 mars 1886, 18 juillet 1892, 12 juillet 1898, 29 juin 1899, 8 juillet 1899, 30 juin 1907, 9 juillet 1907 et le décret du 7 novembre 1926.

ART. 2. — *Sessions.* — Les sessions du Conseil général ont lieu conformément aux articles 23, 24 et 30 de la loi du 10 août 1871; à l'article unique de la loi du 12 août 1876; à l'article unique de la loi du 31 mars 1886 et à l'article 1er de la loi du 9 juillet 1907.

ART. 3. — *Bureaux provisoire et définitif.* — Les Bureaux provisoire et définitif sont formés, conformément à l'article 25 de la loi du 10 août 1871 et à l'article 2 de la loi du 9 juillet 1907, avec cette drécision que le Bureau définitif est composé d'un président, de deux vice-présidents et de deux secrétaires.

Art. 4. — *Commission départementale.* — Le Conseil général et la Commission départementale observent les formes et règles prescrites par les articles 69 à 88 inclus de la loi du 10 août 1871, l'article unique de la loi du 19 décembre 1876 et l'article unique de la loi du 8 juillet 1899; avec cette précision à l'article 69 de la loi du 10 août 1871 que la Commission départementale est composée de sept membres.

Cinq jours avant la date fixée pour la réunion de la Commission départementale, l'ordre du jour autographié de la séance est envoyé, par les soins du Secrétaire, à chacun des Conseillers généraux, afin que ceux-ci puissent saisir la Commission de leurs observations sur les affaires qui les intéressent et, au besoin, demander à être entendus par leurs collègues.

Art. 5. — *Formation des Commissions.* — Chaque trois ans, le premier jour de la session qui suit le renouvellement partiel du Conseil général, ce dernier se réunit en séance plénière et établit, après entente, les listes de trois commissions de treize membres chacune.

Ces trois Commissions sont dénommées :

La première : *Commission des transports et voies de communication;*
La deuxième : *Commission d'assistance et d'instruction publique;*
La troisième : *Commission d'agriculture.*

Chacune des trois Commissions, ainsi formées, se réunit aussitôt, sous la présidence de son doyen d'âge et désigne, au scrutin secret, au besoin, quatre de ses membres qui forment une nouvelle Commission de douze membres, la quatrième, dénommée *Commission des Finances.* Font partie, de droit, de cette Commission, le Président du Conseil général, le Président de la Commission départementale et le Rapporteur général du budget.

Les quatre Commissions se réunissent, chacune, dans la salle de la Préfecture désignée par M. le Préfet, pour nommer un président et un vice-président.

Le président de chaque Commission remet au président du Conseil général la liste des membres composant la Commission qu'il préside. Il en est donné lecture à la prochaine séance publique.

Si des vacances se produisent pendant les trois ans, les nouveaux élus prennent la place de leurs prédécesseurs dans les trois premières

Commissions. Si des vacances se produisent dans la Commission des finances, de nouvelles nominations sont faites conformément au présent article.

En vue de l'application du présent règlement à la session d'août 1921, la « Commission des finances » (la quatrième) sera nommée, conformément à la règle ci-dessus, le premier jour de la deuxième session de 1921.

Le Préfet désigne quatre employés de la Préfecture, un pour chacune des quatre Commissions, pour remplir les fonctions de secrétaires.

Art. 6. — *Attributions des Commissions.* — Les attributions de la première Commission sont :

« Personnel. — Voies de communication. — Chemins de fer. — Routes et chemins. — Navigation. — Cours d'eau. — Canaux. — Service hydraulique. — Travaux publics. — Bâtiments et biens départementaux. — Postes et télégraphes, téléphones. — Subvention aux communes et aux Sociétés diverses. — Sociétés de secours mutuels. — Vœux. »

Celles de la deuxième sont :

« Assistance publique. — Aliénés. — Assistance aux vieillards. — Assistance médicale gratuite. — Enfants assistés. — Dépôt de mendicité. — Institut des Sourds-Muets. — Institut des Jeunes Aveugles. — Secours de route et d'extrême urgence. — Hygiène publique. — Instruction publique. — Subvention aux Académies. — Facultés. — Écoles spéciales. — Sociétés savantes. — Bibliothèques administratives. — Archives. — Bourses dans les lycées et collèges. — Circonscriptions territoriales et sections électorales. — Vœux. »

Celles de la troisième sont :

« Agriculture. — Encouragement à l'agriculture. — Concours agricoles. — Écoles d'agriculture, bourses. — Subventions aux Sociétés agricoles. — Stations agricoles. — École vétérinaire. — Épizooties. — Foires et marchés. — Chasse. — Forêts. — Tabacs. — Commerce et industrie. — Écoles spéciales, bourses. — Mines. — Jury d'expropriation. — Répression des fraudes. — Vœux. »

Celles de la quatrième sont :

« Finances. — Comptes et budgets. — Administration financière. — Examen définitif des affaires à répercussion financière venant des trois premières commissions. — Vœux. »

Art. 7. — *Travaux en Commission.* — M. le Préfet adresse le volume contenant ses rapports, à chacun des membres du Conseil général, au moins dix jours avant l'ouverture de la session.

Toutes les affaires ayant une répercussion financière sont d'abord examinées, sans délai, dans chaque Commission, et aussitôt présentées à la Commission des finances chargée de formuler des propositions définitives au Conseil général, qui statuera en séance publique.

Dans le cas où le total des crédits votés par le Conseil général serait supérieur aux ressources légales, le Conseil général se réunira en séance plénière en fin de session, pour décider les réductions à effectuer.

Les Conseillers généraux ont le droit d'assister aux travaux de toutes les Commissions, où ils peuvent prendre part à la discussion, et faire, le cas échéant, prévaloir leurs vues, mais sans, cependant, participer au vote sur la question mise en discussion. Les chefs de services et les chefs de division intéressés pourront assister aux réunions des Commissions pour fournir, le cas échéant, tous renseignements qui leur seraient demandés. Les jours et heures de réunion de chacune des quatre Commissions sont affichés dans le cadre mentionné à l'article 8.

Art. 8. — *Travaux en séance publique.* — La première séance a lieu le lundi. Cette séance est consacrée aux formalités prescrites par la loi et par le présent Règlement, aux allocutions des Présidents d'âge et définitif, au dépôt et à la lecture des vœux. Les jours et heure de la séance suivante sont fixés par le Conseil général à la fin de la séance précédente, et affichés dans un cadre placé dans la partie de la salle réservée au public. Toutes les affaires à incidence budgétaire seront d'abord solutionnées.

Art. 9. — *Ordre du jour des séances (sessions ordinaires).* — L'ordre du jour de chaque séance est affiché dans le cadre mentionné à l'article précédent, avant l'ouverture de chaque séance.

Aucune affaire ne saurait être introduite à l'ordre du jour si elle ne figure pas aux volumes des rapports de M. le Préfet (volume principal ou fascicules détachés), sauf le cas prévu à l'article 15 (urgence).

Aucun rapport ne peut être présenté en séance publique si l'affaire ne figure pas à l'ordre du jour affiché, excepté pour les deux derniers jours de la session, en ce qui concerne les affaires qui n'auront pas pu être rapportées les jours précédents pour un cas de force majeure.

Art. 10. — *Ordre du jour des séances (séssions extraordinaires).* — En session extraordinaire, seules les affaires inscrites à l'ordre du jour porté sur la convocation sont examinées et solutionnées.

Art. 11. — *Séances de nuit.* — Lorsque le Conseil général estime qu'il doit tenir une séance de nuit, il le décide avant 17 heures. Cette décision est affichée dans le cadre mentionné à l'article 8, ainsi que l'ordre du jour de la séance de nuit.

Art. 12 — *Tenue des séances.* — Le Président ouvre la séance et fait procéder aussitôt, par un secrétaire du Bureau, à l'appel nominal des membres du Conseil général.

Le Préfet a entrée au Conseil général; il est entendu, quand il le demande, et assiste aux délibérations, excepté lorsqu'il s'agit de l'apurement de ses comptes. (Art. 27 de la loi.)

Avant de passer à l'ordre du jour, le Président fait lire le procès-verbal de la séance précédente. (Cette lecture est faite par l'un des secrétaires.)

Lorsqu'il s'élève une réclamation contre sa rédaction, le Président prend l'avis du Conseil, qui décide s'il y a lieu de faire une rectification.

Le Président donne ensuite connaissance à l'Assemblée des communications qui la concernent.

Le Président dirige les délibérations; la parole doit lui être demandée. Aucun orateur ne peut parler qu'après l'avoir obtenue.

La parole est accordée suivant l'ordre des inscriptions et des demandes. Toutefois, l'auteur et le rapporteur d'une proposition sont entendus quand ils le désirent.

L'orateur ne s'adresse qu'au Président ou à l'Assemblée.

Dans les discussions, les orateurs parlent alternativement pour et contre.

Nul n'est interrompu quand il parle, si ce n'est pour un rappel au règlement.

Si un orateur s'écarte de la question, le Président seul l'y rappelle. Si, dans une discussion, après avoir été deux fois rappelé à la question, l'orateur s'en écarte de nouveau, le Président consulte l'Assemblée pour savoir si la parole ne sera pas interdite à l'orateur sur le même sujet pendant le reste de la séance.

Le Président accorde toujours la parole en cas de réclamations d'ordre du jour de priorité ou de faits personnels.

Il l'accorde aussi en cas de rappel au règlement; mais il ne la donne ni pour rappeler à la question, ni pour parler, soit pendant une épreuve commencée, soit entre deux épreuves du même vote.

A l'exception de l'auteur ou du rapporteur d'une proposition, nul ne parle plus de deux fois sur la même question, à moins que l'Assemblée ne l'y autorise.

Les signes d'approbation et d'improbation sont interdits.

Le Président maintient l'ordre et a le droit d'y rappeler les membres qui s'en écartent.

Lorsqu'un membre a été rappelé deux fois à l'ordre sur le même sujet, le Conseil, consulté par le Président, peut lui interdire la parole sur l'objet en discussion pendant le reste de la séance.

La décision est prise par assis et levé, sans débats.

Si le membre rappelé à l'ordre ne se soumettait pas à la décision du Conseil ou à l'autorité du Président, la séance pourrait être levée et remise au lendemain.

Le Président réprime les interruptions et les personnalités.

Il ferme les discussions après avoir consulté le Conseil. En cas de partage des voix, la discussion continue.

Le Président met aux voix les propositions.

Il juge, conjointement avec les secrétaires, les épreuves des votes, et il en proclame le résultat.

Art. 13. — *Propositions. — Amendements.* — Tout membre qui voudra faire une proposition touchant à des sujets autres que ceux dont le Conseil est saisi la présentera par écrit au Président.

Le lendemain du jour où la proposition aura été déposée, le Président en donnera lecture. Si elle est appuyée par quatre membres, l'auteur la développera sommairement; le Conseil pourra l'écarter, fixer immédiatement un jour pour la discuter ou déclarer qu'elle doit être préalablement soumise à une Commission. Ces décisions sont prises par assis et levé, sans débats.

Tout conseiller peut présenter des amendements.

Les amendements doivent être rédigés par écrit, signés, adressés au Président ou déposés sur le bureau.

Les amendements ne sont mis en délibération que s'ils sont appuyés. Lorsqu'ils sont appuyés, le Président appelle les auteurs à les développer.

Après en avoir entendu le développement, le Conseil décide si les amendements seront immédiatement mis en délibération ou s'ils seront envoyés à la Commission saisie des matières auxquelles ils se rapportent.

Ces décisions sont prises par assis et levé, sans débats; en cas de partage des voix, le renvoi n'est pas ordonné.

Les amendements sont mis aux voix avant la question principale.

Ceux qui s'éloignent le plus des projets en délibération sont soumis au vote avant les autres. S'il y a doute, le Conseil est consulté sur la question de priorité.

Art. 14. — *Vœux.* — Les vœux proposés à l'acceptation du Conseil général sont écrits. Ils sont remis dans les trois premiers jours de chaque session au Président du Conseil général, qui donne lecture du texte seulement (non compris les considérants) et les remet aussitôt au président de la Commission compétente pour être rapportés.

Art. 15. — *Urgence.* — Pour obtenir la discussion immédiate d'une proposition, motion, vœu, etc., présentant un caractère d'urgence et qui ne figure pas à l'ordre du jour, l'auteur doit en aviser le Président avant l'ouverture de la séance. La séance ouverte, le Président consulte le Conseil général qui décide, par assis et levé, s'il y a lieu d'accorder l'urgence. Si l'urgence est prononcée, la discussion peut avoir lieu, au plus tôt, une heure après; pendant ce temps, la proposition et la déclaration d'urgence et de discussion à telle heure sont affichées dans le cadre mentionné à l'article 8.

Art. 16. — *Votations.* — Le Conseil général vote, sur les questions soumises à ses délibérations, de trois manières : par assis et levé, au scrutin public et au scrutin secret.

Le vote par assis et levé est le mode de votation ordinaire; il est constaté par le Président et les Secrétaires qui comptent au besoin le nombre des votants pour et contre.

Il est toujours voté par assis et levé sur les demandes de question préalable d'ordre du jour, de rappel au règlement, de priorité d'ajournement, de renvoi, de clôture de la discussion, de la déclaration d'urgence et de comité secret. (Art. 28 de la loi.)

Le scrutin public est de droit toutes les fois que le sixième des membres présents le demande, à l'exception toutefois des cas prévus dans les paragraphes 1, 5 et 6 de l'article 13, 2 et 23 de l'article 16. (Art. 30 de la loi.)

La demande de scrutin public doit être faite par écrit et déposée entre les mains du Président.

Les noms des signataires sont inscrits au procès-verbal de la séance.

Il est procédé au scrutin public dans les formes suivantes : chaque conseiller a deux bulletins de vote, l'un bleu, l'autre blanc, sur lesquels son nom est imprimé ou écrit. Les bulletins blancs expriment l'adoption, les bulletins bleus la non-adoption. Il est présenté à chaque membre de l'Assemblée une urne dans laquelle le votant dépose le bulletin dont il veut faire usage. Lorsque le Président s'est assuré que tous les membres présents ont voté, il prononce la clôture du scrutin. Les secrétaires versent les bulletins dans des corbeilles; ils séparent les bulletins blancs des bulletins bleus; ils font le compte des uns et des autres, l'arrêtent et le remettent au Président, qui en proclame le résultat.

Le résultat des scrutins publics énonçant les noms des votants est reproduit au procès-verbal (Art. 30 de la loi.)

Le scrutin secret a toujours lieu sur les nominations. (Art. 30 de la loi).

Il doit aussi avoir lieu si un tiers des membres présents en fait la demande écrite, laquelle est consignée au procès-verbal avec les noms des signataires.

Il est procédé au scrutin secret sur les nominations à l'aide de bulletins fermés portant les noms de ceux qu'on veut élire.

Les nominations ont lieu à la majorité absolue; elles se font par scrutin séparé lorsqu'il n'y a qu'une personne à élire, et au scrutin de liste lorsqu'il y a plusieurs personnes à nommer pour la même fonction.

Après deux tours de scrutin, il est procédé à un scrutin de ballottage où la majorité relative suffit. En cas d'égalité de suffrages, le plus âgé est nommé.

Le scrutin secret ne peut être demandé sur les questions prévues par les paragraphes 1, 5 et 6 de l'article 13, 2 et 23 de l'article 16.

La votation a lieu, sur les questions autres que les nominations, à l'aide de bulletins fermés portant, les uns le mot *oui*, les autres le mot *non*. Les bulletins portant *oui* indiquent l'adoption; les bulletins portant *non*, la non-adoption. Ces bulletins sont rassemblés dans une urne.

Lorsque le Président s'est assuré que tous les membres présents ont pris part au vote, il prononce la clôture du scrutin. Les secrétaires séparent ostensiblement les bulletins portant *oui* des bulletins portant *non*; ils en font le compte, l'arrêtent et le remettent au Président, qui en proclame le résultat.

Le Conseil général ne peut délibérer que si la moitié plus un des membres dont il doit se composer sont présents. (Art. 30 de la loi).

Les décisions sont prises à la majorité absolue des votants.

En cas de partage, soit par assis et levé, soit au scrutin public, si le Président prend part au vote, sa voix est prépondérante. (Art. 30 de la loi.)

Si le Président ne vote pas et que les voix soient partagées, la proposition, mise aux voix, n'est pas adoptée.

Les demandes de question préalable, d'ordre du jour, de priorité et de rappel au règlement sont mises aux voix avant la question principale.

Dans les questions complexes, la division est de droit si elle est demandée.

Art. 17. — *Publicité des séances.* — Les séances des Conseils généraux sont publiques.

Néanmoins, sur la demande de cinq membres, du Président ou du Préfet, le Conseil général, par assis et levé, sans débats, décide s'il se formera en comité secret. (Art. 28 de la loi.)

La publicité des séances sera réglementée ainsi qu'il suit :

Chaque journal politique aura le droit d'être représenté par un de ses rédacteurs, qui aura une place réservée. Une carte spéciale sera délivrée au nom du journal.

Il sera fait aux membres du Conseil général, dans l'ordre alphabétique et pour chaque séance, une distribution de cartes correspondant au tiers des places à occuper dans l'enceinte publique. Ce soin sera laissé au Bureau.

Le restant des cartes sera distribué par un agent désigné par le Bureau aux personnes qui se présenteront, et dans l'ordre de leur arrivée.

Le Secrétaire du Conseil général établit chaque soir, à l'issue de la séance, un compte rendu sommaire et officiel des séances de la journée; il le soumet à l'approbation du Président de l'Assemblée, et le remet aussitôt aux journalistes en les priant de la faire insérer textuellement, libre à eux de le commenter à leur guise et sous leur responsabilité.

Les procès-verbaux des séances, rédigés par le Secrétaire du Conseil général, sont arrêtés au commencement de chaque séance et signés par le Président et le Secrétaire.

Ils contiennent les rapports, les noms des membres qui ont pris part à la discussion et l'analyse de leurs opinions.

Tout électeur ou contribuable du département a le droit de demander communication, sans déplacement, et de prendre copie de toutes les délibérations du Conseil général, ainsi que des procès-verbaux des séances publiques, et de les reproduire par la voie de la presse. (Art. 32 de la loi).

Les procès-verbaux des séances des Conseils généraux sont, en outre, rendus publics par la voie de l'impression et distribués gratuitement aux membres du Conseil général et à tous les maires des chefs-lieux de canton, dans les trois mois qui suivent chaque session.

ART. 18 — *Police intérieure et extérieure de l'Assemblée.* — Le Président a seul la police de l'Assemblée.

Il peut faire expulser de l'auditoire ou arrêter tout individu qui trouble l'ordre.

En cas de crime ou de délit, il en dresse procès-verbal, et le Procureur de la République en est immédiatemnet saisi. (Art. 29 de la loi.)

Nulle personne étrangère au Conseil, autre que le Préfet et les employés appelés à donner des renseignements ou à y faire un service autorisé, ne peut, sous aucun prétexte, s'introduire dans l'enceinte où siègent les membres du Conseil général.

Pendant tout le cours de la séance, les personnes placées dans l'auditoire se tiennent assises, découvertes et en silence.

Toute personne qui donne des marques d'approbation ou d'improbation est, sur le champ, exclue de l'auditoire par les huissiers ou agents chargés de maintenir l'ordre.

Le Président est, en outre, chargé de veiller à la sûreté extérieure de l'Assemblée et doit prendre, à cet effet, toutes les mesures nécessaires.

15013. — Toulouse, Imprimerie DOULADOURE, 39, rue Saint-Rome. — 10-1 1927.

www.ingramcontent.com/pod-product-compliance
Ingram Content Group UK Ltd.
Pitfield, Milton Keynes, MK11 3LW, UK
UKHW021522260726
13993UKWH00004B/1822

9 782329 177809